BEI GRIN MACHT SICH IHR
WISSEN BEZAHLT

AF138316

- Wir veröffentlichen Ihre Hausarbeit,
  Bachelor- und Masterarbeit

- Ihr eigenes eBook und Buch -
  weltweit in allen wichtigen Shops

- Verdienen Sie an jedem Verkauf

Jetzt bei www.GRIN.com hochladen
und kostenlos publizieren

Statistik über die Titanic-Überlebenden

Bibliografische Information der Deutschen Nationalbibliothek:

Die Deutsche Nationalbibliothek verzeichnet diese Publikation in der Deutschen Nationalbibliografie; detaillierte bibliografische Daten sind im Internet über http://dnb.d-nb.de abrufbar.

ISBN: 9783389044117
Dieses Buch ist auch als E-Book erhältlich.

Druck und Bindung: Books on Demand GmbH, Norderstedt Germany
Gedruckt auf säurefreiem Papier aus verantwortungsvollen Quellen

Das vorliegende Werk wurde sorgfältig erarbeitet. Dennoch übernehmen Autoren und Verlag für die Richtigkeit von Angaben, Hinweisen, Links und Ratschlägen sowie eventuelle Druckfehler keine Haftung.

Das Buch bei GRIN: https://www.grin.com/document/1487219

AKAD

Bildungsgesellschaft mbH

Informatik – Bachelor of Science (B. Sc.)

DBA63 - Labor Datenanalyse und Auswertung

Assignment

Statistik über die Titanic-Überlebenden

Anmeldedatum: 27.05.2024
Abgabedatum: 02.06.2024

Inhaltsverzeichnis

Abbildungsverzeichnis

Abkürzungsverzeichnis

bzw. .... *beziehungsweise*

CRISP-DM .... *Cross-Industry Standard Process für Data Mining*

u. a. .... *unter anderem*

z. B. .... *zum Beispiel*

1. Einleitung

1.1 Problemstellung und Relevanz dieser Arbeit

Der Untergang der „RMS Titanic" im Nordatlantik in den frühen Morgenstunden des 15. April 1912 und die damit zusammenhängende Tragödie bleibt eines der bewegendsten und faszinierendsten Kapitel moderner Zeit. So prägte dieses Ereignis nicht nur die maritime Geschichte, sondern hinterließ auch einen nachhaltigen Eindruck in der Populärkultur. So beschäftigte sich Historiker, Soziologen und Wissenschaftler unter den vielen Aspekten dieses Unglücks auch mit dieser folgenden These: der Annahme, dass bei der Evakuierung der Titanic Frauen und Kinder bevorzugt gerettet wurden. Im Rahmen dieses Assignments soll diese These, mithilfe des Prozessmodells CRISP-DM, der Programmiersprache, sowie statistischer Methoden, näher untersucht werden. Zudem soll geprüft werden, ob auch weitere Faktoren bei der Rettung von Relevanz waren.

1.2 Ziel und Aufbau dieser Arbeit

Die Zielsetzung dieser Arbeit ist es, aus Sicht eines fiktiven Versicherungsunternehmens zu untersuchen, ob das Überleben der Passagiere auf der Titanic von Geschlecht und Alter beeinflusst wurde und inwieweit diese Erkenntnisse die populäre These von „Frauen und Kinder zuerst" stützen oder auch weitere Faktoren Relevanz hatten. Die Untersuchung erfolgt anhand eines Titanic-Datensatz, welcher im Internet heruntergeladen wurde. Der Datensatz ist eine Sammlung von Daten über die Passagiere des Schiffes. Dabei folgt das Assignment dem Cross Prozessmodell CRISP-DM, einem bewährten Rahmenwerk für solche Analysen und deckt alle Phasen, von Datenaufbereitung bis Modellierung bis hin zur Bewertung und Interpretation der Ergebnisse, ab. Das Assignment gliedert sich in vier Kapitel. Beginnend mit der Problemstellung und Relevanz des Themas folgt das Ziel und der Aufbau des Assignments, welche das erste Kapitel abschließen. Anschließend an die Einleitung erfolgt die Erarbeitung der theoretischen Grundlagen im zweiten Teil dieser Arbeit. In diesem werden wichtige Begrifflichkeiten, Konzepte und Merkmale der Datenanalyse, des Data-Minings, sowie des CRISP-DM Modells definiert. Des Weiteren werden statistische Methoden kurz skizziert. Das dritte Kapitel bildet den inhaltlichen Schwerpunkt dieser Arbeit. In diesem werden aufbauend auf der Zielsetzung der Anwendung des CRISP-DM Modells, die einzelnen Schritte durchgeführt und die Ergebnisse analysiert. Der Schlussteil gibt als Deployment eine kurze Zusammenfassung, eine kritische Reflexion und einen kurzen Ausblick auf die nächsten Schritte. Eine Management Summary schließt diese Arbeit final ab.

2. Theoretische Grundlagen

In diesem Kapitel wird ein kurzer Einblick in die Themen Datenanalyse und Data-Mining gegeben. Des Weiteren werden die Grundlagen des angewendeten CRISP-DM Modells erläutert und R als Werkzeug für die Datenanalyse vorgestellt.

2.1   Datenanalyse und Data-Mining

Zentrale Bestandteile der modernen Informationswissenschaft sind Datenanalyse und Data Mining, denn sie spielen eine entscheidende Rolle bei der Entdeckung von Mustern und Erkenntnissen aus großen Datenmengen. Die Datenanalyse konzentriert sich dabei auf die Verarbeitung und Interpretation von Daten zur Gewinnung von Einsichten. Sie ist eine statistische Methode, welche aus vorliegenden Einzeldaten zusammenfassende Informationen (Kenngrößen) gewinnt und diese tabellarisch oder grafisch dokumentiert.[1] Zu den Aufgaben der deskriptiven Statistik gehört in diesem Zusammenhang u. a. die quantitative Beschreibung mittels Kenngrößen oder Grafiken, nachdem erfolgt die Erhebung, Aufbereitung und Zusammenfassung der Daten.[2] Data Mining definiert sich im Gegensatz dazu als Verfahren, welches große Datenmengen nach bisher unbekannten Wissen und Mustern eigenständig und algorithmenbasiert durchsucht und bislang unentdeckte Zusammenhänge zwischen den Informationen und Daten entdecken kann. Es verfolgt das Ziel Erkenntnisse aus Daten wie z. B. Mustern zu identifizieren und für Entscheidungszwecke oder Ableitungen von Trends nutzbar

---

[1] Vgl. Kreis, Wildner, Kuß, 2021, S. 13
[2] Vgl. Bas, 2020, S. 105

zu machen. In der historischen Forschung, wie in der Analyse des Titanic-Unglücks, ermöglichen diese Techniken entsprechend die objektive Untersuchung großer Datensätze um Hypothesen zu testen und neue Perspektiven zu gewinnen.[3] Die Phasen der Datenanalyse bzw. des Data Mining werden in Abbildung 1 zusammenfassend dargestellt.

Anm. der Red.: Diese Abb. wurde aus urheberrechtlichen Gründen entfernt.

Abbildung 1: Phasen der Datenanalyse bzw. des Data Mining[4]

Der Umgang mit fehlenden Daten ist ein kritischer Aspekt in der Datenanalyse, denn solche Datenlücken können die Analyse signifikant beeinflussen. Es gibt zwei Hauptmethoden für den Umgang mit fehlenden Daten: Löschen oder Imputation. Löschen ist bei wenigen fehlenden Daten in großen Datensätzen sinnvoll. Bei vielen fehlenden Daten ist Imputation durch z. B. Ersetzen mit dem Median eine Option.[5] Der Median ist ein zentraler Mittelwert und hat als Lageparameter den Vorteil, im Gegensatz zum arithmetischen Mittel, dass er robuster gegenüber Ausreißern ist.[6] Es gibt unterschiedliche statistische Ansätze und diverse algorithmische Varianten für die verschiedenen Ziele der Datenanalyse. Für die Vorhersage über die Wahrscheinlichkeit eines bestimmten Ereignisses wie z. B. ob jemand ein Unglück überlebt oder nicht, kommt in der Praxis häufig die logistische Regression als Algorithmus zum Einsatz zur Lösung von Klassifikationsproblemen. Dabei werden binäre Zielgrößen eingesetzt und die Daten werden in zwei Gruppen eingeteilt, zur Bestimmung ob eine Bedingung zutrifft oder nicht. Bei einem Unglück kann die Antwort entsprechend lauten: „Überlebt" (ja) oder „Nicht überlebt" (nein).[7] Ein weiterer Klassifikationsalgorithmus ist der Entscheidungsbaum. An diesem kann anhand einer Grafik der Entscheidungsweg Schritt für Schritt nachvollzogen werden. Er eignet sich bei Problemstellungen, welche eine Zuordnung von Datenobjekten zu vorab bestimmten Klassen erfordern. Die Erzeugung der Modelle setzt einen (historischen) Datenbestand voraus, dessen Datenobjekte ein ausgezeichnetes, der Klassenzugehörigkeit angebendes Merkmal besitzen. Aus diesem Datenbestand mit bereits bekannten Ergebnissen lassen sich Regeln

---

[3] Vgl. Schön, 2022, S. 480 ff.
[4] Vgl. Wilde, 2024
[5] Vgl. Sauer, 2019, S. 118 ff.
[6] Vgl. Plaue, 2021, S. 49
[7] Vgl. Hude, 2020, S. 125 f.

ableiten, welche sich in Form einer Baumstruktur darstellt und zur Klassifizierung neuer Datenobjekte einsetzen lassen.[8]

2.2 CRISP-DM Modell

Das CRISP-DM (Cross-Industry Standard Process für Data Mining) Prozessmodell ist ein weit verbreiteter, branchenübergreifender Standard für Data-Mining-Projekte. Der sechsstufige Prozess umfasst das Business Understanding, das Data Understanding, die Data Preparation, das Modeling, die Evaluation und das Deployment. CRISP-DM bietet einen flexible, aber strukturierten Ansatz zur Datenanalyse, der systematische Erkenntnisse aus Daten zu ziehen und datengetriebene Entscheidungen zu treffen, ermöglicht. Ausgehend von der fachlichen Zielsetzung bis hin zur Anwendung und Bewertung statistischer Modelle, ermöglicht das Modell die strukturierte und effiziente Analyse des Titanic-Datensatzes.[9]

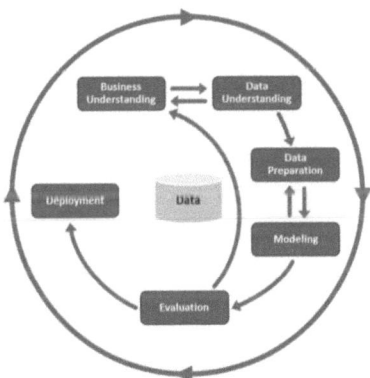

Abbildung 2: CRISP-DM Prozessmodell[10]

2.3 Datenanalyse mit dem Werkzeug R

Die Open-Source-Software R ist eine flexible Programmiersprache für die statische Datenanalyse und -visualisierung. Sie ermöglicht komplexe Rechenoperationen durchzuführen und bietet gleichzeitig die Möglichkeit, die Ergebnisse durch Grafiken

---

[8] Vgl. D'Onofrio, Meier, 2021, S. 30
[9] Vgl. Dorschel, 2015, S. 68 f.
[10] Vgl. Dorschel, 2015, S. 69

und Diagramme verständlich darzustellen.[11] Um den Titanic-Datensatz zu verarbeiten und zu analysieren, dient R als primären Werkzeug dieses Assignments. Durch die Fähigkeit der Programmiersprache komplexe Datenmanipulation durchzuführen und fortgeschrittene statistische Modelle zu implementieren, macht es sich zum idealen Werkzeug für die Untersuchung der Überlebensmuster an Bord der Titanic, unter Nutzung statistischer Methoden.[12]

3. Datenanalyse des Titanic-Datensatzes mit CRISP-DM

Dieses Kapitel behandelt die Analyse des Titanic-Datensatzes in Anlehnung an die sechs Schritte des CRISP-DM Prozessmodells. Die Programmiersprache R wird als Werkzeug genutzt und punktuell werden einzelne Quellcodes dargestellt. Im Anhang befindet sich der vollständige kommentierte Quellcode aus dem R-Skript (Anlage 2), sodass die einzelnen Entwicklungsstufen bei Bedarf detailliert nachvollzogen werden können.

3.1   Business Understanding

Aus der Recherche hat sich ergeben, dass sich unter den vielen Aspekten, die das Unglück für Historiker, Soziologen und Wissenschaftler interessant machen, insbesondere die Annahme hervorsticht, dass bei der Evakuierung der Titanic Frauen und Kinder zuerst gerettet wurden. Diese These soll zusammen mit möglichen weiteren relevanten Faktoren im Rahmen der Datenanalyse für ein fiktives Versicherungsunternehmen zur möglichen Verbesserung von Produkten nachfolgend näher betrachtet werden. Die Zielsetzung wird wie folgt definiert:

„Ziel ist es zu untersuchen, ob die Überlebenswahrscheinlichkeit der Passagiere von ihrem Geschlecht und Alter beeinflusst wurden und inwieweit diese Erkenntnisse die populäre These von „Frauen und Kinder zuerst" unterstützt oder in Frage stellt. Des Weiteren soll geprüft werden, ob auch der soziale Status als Faktor Einfluss hatte."

---

[11] Vgl. Blum, 2023, S. 158 f.
[12] Vgl. Obszelka, Baierl, 2020, S. 650 und S. 680 ff.

3.2 Data Understanding und Data Preparation

Dieser Abschnitt konzentriert sich auf das Verständnis und die Vorbereitung des Datensatzes für die anschließende Analyse. Der Datensatz wurde über den Link https://github.com/datasciencedojo/datasets/blob/master/titanic.csv heruntergeladen und ist eine Sammlung von Passagierdaten des Schiffes. Der Schwerpunkt dieses Abschnittes liegt auf der Identifikation und dem Umgang mit Herausforderungen wie fehlenden Daten, der Auswahl relevanter Variablen und der Vorbereitung der Daten für die Modellierung.

Im ersten Schritt wurde der Datensatz in R Studio eingelesen und einer ersten Erkundung des Datensatzes bzw. deskriptiven Statistik unterzogen. Hierfür wurde folgender Code verwendet.

data <- read.csv("titanic.csv")
str(data)
summary(data)

Nach Ausführung des Codes bekommen wir folgendes Ergebnis in der Konsole angezeigt:

```
  PassengerId       Survived          Pclass          Name               Sex
 Min.   :  1.0   Min.   :0.0000   Min.   :1.000   Length:891         Length:891
 1st Qu.:223.5   1st Qu.:0.0000   1st Qu.:2.000   Class :character   Class :character
 Median :446.0   Median :0.0000   Median :3.000   Mode  :character   Mode  :character
 Mean   :446.0   Mean   :0.3838   Mean   :2.309
 3rd Qu.:668.5   3rd Qu.:1.0000   3rd Qu.:3.000
 Max.   :891.0   Max.   :1.0000   Max.   :3.000

      Age            SibSp           Parch           Ticket             Fare
 Min.   : 0.42   Min.   :0.000   Min.   :0.0000   Length:891         Min.   :  0.00
 1st Qu.:20.12   1st Qu.:0.000   1st Qu.:0.0000   Class :character   1st Qu.:  7.91
 Median :28.00   Median :0.000   Median :0.0000   Mode  :character   Median : 14.45
 Mean   :29.70   Mean   :0.523   Mean   :0.3816                      Mean   : 32.20
 3rd Qu.:38.00   3rd Qu.:1.000   3rd Qu.:0.0000                      3rd Qu.: 31.00
 Max.   :80.00   Max.   :8.000   Max.   :6.0000                      Max.   :512.33
 NA's   :177
    Cabin            Embarked
 Length:891         Length:891
 Class :character   Class :character
 Mode  :character   Mode  :character
```

Abbildung 3: Deskriptive Statistik Titanic-Datensatz[13]

Die deskriptive Statistik des Titanic-Datensatzes gibt einen ersten Überblick über die verschiedenen Variablen und ihre Charakteristiken. Daraus kann das Alter ('*Age*') und die Altersspanne der Passagiere zwischen 0,42 und 80 Jahren abgeleitet werden. Der Median von 28 Jahren deutet darauf hin, dass die Hälfte der Passagiere unter 28 Jahre alt war. Das Durchschnittsalter der Passagiere betrug etwa 29,7 Jahre. Im Zuge der Überprüfung auf fehlende Daten fiel auf, dass es 177

---

[13] Eigene Darstellung

Fälle mit fehlenden Altersangaben gibt, was eine signifikante Anzahl von sog. „Missing Values" darstellt. Da wir einen Zusammenhang zwischen Alter und Überleben erwartet, wurde die Spalte 'Age' näher betrachtet und das Durchschnittsalter pro Klasse und die Anzahl der Frauen pro Klasse ergänzend untersucht.

Die erweiterte Untersuchung der Daten zeigte, dass das Durchschnittsalter in der ersten Klasse ca. 38,2 Jahre, in der zweiten Klasse 29,9 Jahre und in der dritten Klasse 25,1 Jahre war. Auch zeigte die erste Untersuchung, dass sich von insgesamt 314 Frauen an Bord die meisten in der dritten Klasse (144) befanden, gefolgt von der ersten Klasse (94) und der zweiten Klasse (76). Die Abbildung 7 können aus Anlage 1 und die entsprechenden Codes können aus Anlage 2 entnommen werden.

Die Anzahl bzw. die Werte der Geschwister/Ehepartner an Bord ('Sib/Sp') reicht von 0 bis 8, was darauf hindeutet, dass einige Passagiere allein reisten, während andere mit bis zu acht Geschwistern oder Ehepartner reisten. Die Anzahl bzw. die Werte der Eltern/Kindern an Bord ('Parch') variieren von 0 bis 6. Ähnlich wie bei 'Sib/Sp' zeigt der niedrigere Mittelwert (0,3816) und Median (0), dass die meisten Passagiere ohne direkte Familienangehörige wie Eltern oder Kinder an Bord waren. Die Variable 'Ticket' ist ein Zeichenwert ('character'), der vermutlich die Ticketnummer repräsentiert. Die genaue Bedeutung oder Struktur dieser Nummer ist aus der Zusammenfassung nicht ersichtlich. Die Fahrpreise ('Fare') variieren von 0 bis 512,33 was auf eine große Differenz in den Ticketpreisen hinweist. Der Median von 14,45 ist deutlich niedriger als der Durchschnittswert von 32,20, was auf eine relativ schiefe Verteilung der Preise hinweist. Entsprechend zahlten wohl viele Passagiere recht niedrige Preise, während sehr wenige Passagiere sehr hohe Preise zahlten. Wie bei 'Ticket' handelt es sich bei der Variablen Kabine('Cabin') um eine Zeichenkette. Ohne weitere Analyse lässt sich nicht feststellen, wie vollständig diese Angaben sind oder welche Muster sie aufweisen. Da die Lage der Kabine in Bezug auf Überlebenswahrscheinlichkeit relevant sein könnte, wurde ergänzend der Datensatz noch auf leere Zeichenketten überprüft. Als Ergebnis zeigte sich, dass hier 687 Daten bzw. Angaben fehlen. Die Variable Einschiffungshafen ('Embarked') ist ebenfalls eine Zeichenkette und gibt an, in welchen Hafen die Passagiere an Bord gegangen sind. Die genauen Häfen oder die Verteilung der

Passagiere auf diese Häfen sind aus der Zusammenfassung nicht ersichtlich. Aus der Überprüfung der Zeichenketten hat sich ergeben, dass hier zwei Daten fehlen.

Bei der Ausreißerprüfung erfolgt die Konzentration auf die quantitativen Variablen 'Age', 'Fare', 'SibSb' und 'Parch', weil es im Gegensatz dazu bei kategorialen Daten eher auf die Verteilung der Häufigkeiten als auf fehlende bzw. ungewöhnliche Kategorien ankommt. Die Abbildung 8 können hierfür aus Anlage 1 entnommen werden.

Zwar ist aus der Ausreißer Analyse erkennbar, dass es in allen Bereichen teilweise extreme Werte gibt, welche auf Ausreißer hinweisen können. Jedoch wurde von einer Bereinigung abgesehen. Gerade in einem historischen Kontext könnten solche Ausreißer real und bedeutungsvoll sein (z. B. sehr junge Kinder oder ältere Passagiere an Bord), weshalb eine Entfernung dieser Werte nicht zielführend erscheint. Aus der Analyse und Recherche ging nicht unmittelbar hervor, dass diese Werte fehlerhaft sind. Da der Zusammenhang zwischen Alter und Überlebenswahrscheinlichkeit wesentlicher Bestandteil der Überprüfung ist, muss der Umgang mit der signifikanten Anzahl fehlender Daten im Bereich der Altersangaben von 177 betrachtet werden. Die fehlenden Daten werden aufgrund der erworbenen Kenntnisse im Rahmen der Voranalysen durch den Median ersetzt. Der Median erscheint als guter Kompromiss zwischen Genauigkeit und Einfachheit. Zudem ist er robust gegenüber Ausreißern und eine schnelle, verhältnismäßig zuverlässige Methode, um mit fehlenden Werten umzugehen. Da eine große Anzahl an Werten fehlen, erscheint das Löschen der Daten als nicht zielführen. Der Mittelwert würde zu einem verzerrten Bild führen, da eine breite Altersspanne vorliegt. Kategorisierung, Regressionsmodelle und maschinelles Lernen hätten an dieser Stelle die Komplexität unnötig erhöht und wurden ebenfalls als Idee verworfen.

Die fehlenden Daten wurden mit nachfolgendem Code durch den Median ersetzt:

data$Age <- ifelse(is.na(data$Age), median(data$Age, na.rm = TRUE), data$Age)

Im nächsten Schritt der Vorbereitung auf die Modellierung wurden die Variablen ausgewählt, welche Einfluss auf das Überleben haben könnten. Neben der Zielvariablen 'Survived' wurden weitere Variablen wie beispielsweise Geschlecht, Alter und Klasse ausgewählt. Auf die Variablen Ticketnummer und Kabine wurde verzichtet, obwohl diese Informationen möglicherweise weitere Einblicke bieten könnten. Diese Informationen waren jedoch unvollständig und auch die Interpretation erscheint ohne detaillierte Kenntnisse des Schiffslayouts komplex. Auch der Fahrpreis wurde nicht ausgewählt, da zu vermuten ist, dass der Fahrpreis und die Lage der Kabine eng mit der Passagierklasse zusammenhängen. Im Rahmen der Analyse scheint die Passagierklasse alleine als ausreichend repräsentativ, um den sozialen Status abzuleiten und zu interpretieren. Der Einschiffungshafen wird für die Zielsetzung als weniger entscheidend eingestuft und in der Analyse vernachlässigt.

Im Rahmen der Aufbereitung der Daten wurden die kategorischen Variablen und insbesondere 'Sex' und 'Pclass' präventiv gleich in ein für die Modellierung geeignetes Format umgewandelt:

```
titanic_relevant <- data[, c("Survived", "Pclass", "Sex", "Age", "SibSp", "Parch")]
titanic_relevant$Sex <- as.factor(titanic_relevant$Sex)
titanic_relevant$Pclass <- as.factor(titanic_relevant$Pclass)
```

Um später die Modellperformance und Overfitting bewerten und testen zu können, wird der Datensatz noch in einen Trainings- und Testdatensatz im Verhältnis 80:20 aufgeteilt und mit folgendem Code umgesetzt:

```
set.seed(123)
trainIndex <- createDataPartition(titanic_relevant$Survived, p=0.8, list=FALSE)
trainData <- titanic_relevant[trainIndex, ]
testData <- titanic_relevant[-trainIndex, ]
```

Vor Beginn der Modellierung erfolgt abschließend noch erste Tests bzw. Voranalysen des Trainingsdatensatzes, um ein erstes Verständnis für eine mögliche Verteilung der Variablen und mögliche Muster zu erhalten. Zum einen wurde die Überlebenswahrscheinlichkeit nach Geschlecht geprüft. Zum anderen wurde die Verteilung der Anzahl der Männer und Frauen pro Klasse geprüft. Der entsprechende Code kann im Anhang 2 nachvollzogen und die Abbildung 9 aus dem Anhang 1 entnommen werden. Die Visualisierungen erfolgen über eine 'ggplot' Funktion.

Aus den Visualisierungen ist tendenziell erkennbar, dass signifikant mehr Frauen als Männer das Unglück überlebt haben, daraus wird ein gewisser Zusammenhang zwischen Geschlecht und der Überlebenswahrscheinlichkeit abgeleitet. Des Weiteren können wir ableiten, dass die meisten Passagiere in der 3. Klasse waren, mit 39 % der Männer und 16 % der Frauen. Durch die einzelnen Schritte wurde sichergestellt, dass der Datensatz für die anschließende Modellierung bereit ist. Die

Datenexploration und -vorbereitung sind erfolgskritische Faktoren, um aussagekräftige und valide Ergebnisse in der Datenanalyse zu erzielen.

3.3 Modeling

In diesem Abschnitt erfolgt die Modellierung, um Anhand des Einsatzes von Methoden die Wahrscheinlichkeit des Überlebens auf der Titanic, basierend auf die für die Zielsetzung repräsentativsten Merkmale zu untersuchen. Als Methoden wurden die logistische Regression und das Entscheidungsbaumverfahren gewählt. Neben der Zielvariablen, ob ein Passagier ertrunken oder gerettet wurde, definieren wir noch die Variablen 'Sex', 'Age' und 'Pclass' als Repräsentanten des sozialen Status. Die Kontrolle der Variablen 'SibSp' und 'Parch' werden zunächst verworfen. Diese könnten zwar auch eine Rolle spielen, werden aber im ersten Schritt auf Basis der Voranalyse als nicht unmittelbar eingestuft.

3.3.1 Logistische Regression

Die logistische Regression wird verwendet, um die Wahrscheinlichkeit des Überlebens als eine Funktion der erklärenden Variablen zu modellieren. Sie ist robust und liefert quotenbasiert bzw. durch Odd's Ratio[14] klare und direkt interpretierbare Ergebnisse, was ermöglicht, die Stärke des Einflusses jeder Variablen auf die Überlebenswahrscheinlichkeit besser zu verstehen. Da die Zielvariable 'survived' binär ist, erscheint die logistische Regression zudem insgesamt gut geeignet für die Modellierung der Überlebenswahrscheinlichkeit. Sie hat den Vorteil, dass sie Beziehungen zwischen einer binären Zielvariablen und mehreren unabhängigen Variablen untersuchen und dabei lineare Beziehungen abbilden kann. In der Umsetzung wurde mit Trainingsdatensatz 'trainData' ein binomiales Model entwickelt. Ausgehend von abhängigen Variablen 'survived' als binäre Variablen (0 = „nicht überlebt", 1 = „überlebt") wird die Wahrscheinlichkeit geschätzt, dass die weiteren Beobachtung zur Kategorie „1" gehören. Der code in R hierfür lautet:

logit_model <- glm(Survived ~ Pclass + Sex + Age, data = trainData, family = "binomial")

Als Ergebnis zeigt die Konsole in R Studio:

---

[14] Vgl. Pardo, 2023, S. 317 ff.

```
Coefficients:
            Estimate Std. Error z value Pr(>|z|)
(Intercept)  3.418628   0.403589   8.471  < 2e-16 ***
Pclass2     -1.130117   0.287787  -3.927  8.6e-05 ***
Pclass3     -2.212463   0.264891  -8.352  < 2e-16 ***
Sexmale     -2.646102   0.207785 -12.735  < 2e-16 ***
Age         -0.030968   0.008334  -3.716 0.000202 ***
---
Signif. codes:  0 '***' 0.001 '**' 0.01 '*' 0.05 '.' 0.1 ' ' 1

(Dispersion parameter for binomial family taken to be 1)

    Null deviance: 948.95  on 712  degrees of freedom
Residual deviance: 647.76  on 708  degrees of freedom
AIC: 657.76

Number of Fisher Scoring iterations: 4
```

Abbildung 4: Ergebnis logistische Regression[15]

Der Koeffizient für *'Sexmale'* bzw. Geschlecht ist signifikant negativ mit einem sehr geringen p-Wert, was darauf hindeutet, dass männliche Passagiere eine deutlich geringere Überlebenswahrscheinlichkeit hatten, als weibliche Passagiere. Dieses Ergebnis untermauert die These, dass Frauen eine höhere Priorität beim Zugang zu Rettungsbooten hatten und daraus abgeleitet eine höhere Überlebensrate aufwiesen. Der Koeffizient *'Age'* bzw. Alter ist ebenfalls negativ und statistisch signifikant, was darauf hindeutet, dass mit jedem zusätzlichen Lebensjahr die Überlebenschancen leicht abnahmen. Dies stützt die Vermutung, dass jüngere Passagiere, insbesondere Kinder, eine höhere Überlebenschance hatten als ältere. Die Koeffizienten der Passagierklassen *'Pclass2'* und *'Pclass3'* sind beide negativ und statistisch signifikant, was darauf hinweist, dass Passagiere der 2. und 3. Klasse im Vergleich zu Passagieren der 1. Klasse prinzipiell geringere Überlebenschancen hatten. Der Effekt ist für Passagiere der 3. Klasse stärker, was darauf hindeuten kann, dass neben der hohen Anzahl der Passagiere dieser Klasse ebenfalls sozioökonomische Faktoren eine Rolle spielten. Passagiere in höheren Klassen hatten aufgrund der Lage ihrer Kabine, wahrscheinlich im oberen Bereich, besseren Zugang zu Rettungsbooten. Die statistische Signifikanz aller Variablen zeigt, dass das Modell konsistent mit der historischen Erzählung ist. Frauen und Kinder hatten eine höhere Überlebenswahrscheinlichkeit und soziale Klassenunterschiede beeinflussen die Überlebensrate. Die Werte für die Nullabweichung und die Residuenabweichung, zusammen mit der Anzahl der 'Fisher Scoring-Iterationen'[16] von nur 4 Wiederholungen, deutet darauf hin, dass das Modell eine gute Anpassung an die Daten hat und ein signifikanter Teil der

---

[15] Eigene Darstellung
[16] Vgl. Maullin-Sapey, Nichols, 2024, S. 5

Variabilität in den Überlebenschancen, durch die Variablen Geschlecht, Alter und Klasse erklärt wird. Zusammenfassend stützen die Ergebnisse der Logistischen Regression die These „Frauen und Kinder zuerst" und hebt zusätzlich die Bedeutung der Passagierklasse bzw. des sozialen Status als Faktor für das Überleben hervor.

3.3.2 Entscheidungsbaum

Als alternative Methode zur Überprüfung des Geschäftsziels wurde noch ein Entscheidungsbaummodell gewählt. Entscheidungsbäume sind eine beliebte Methode im maschinellen Lernen, um anhand von Entscheidungsregeln, Klassifizierungs- oder Regressionsprobleme zu lösen, da sie einfach zu verstehen und visualisierend sind. Zudem können sie komplexe, nichtlineare Beziehungen zwischen den Merkmalen (Feature) abbilden und Interaktionen zwischen Variablen ohne zusätzliche Modellierung erfassen. Entscheidungsbäume bieten ein klares Verständnis der Feature-Wichtigkeit und wie verschiedene Kategorien zur Vorhersage beitragen. Im Vergleich zur logistischen Regression müssen keine Annahmen über die Verteilung der Variablen getroffen werden und bieten sich daher insgesamt als gute Ergänzung an, die Vorgaben der Zielsetzung zu untersuchen. Die Umsetzung in R erfolgt mit der *'rpart'* Funktion und entsprechender Visualisierungsfunktion (Anlage 1). Der Entscheidungsbaum ist im Anhang 1 unter der Abbildung 10 zu finden.

Der Entscheidungsbaum zeigt verschiedene Wege auf, die auf die Wahrscheinlichkeit des Überlebens hinweisen. Die Endknoten des Baumes repräsentieren Entscheidungen, die auf bestimmte Variablenwerte basieren. Die Endknoten zeigen die Überlebensrate in den jeweiligen Gruppen. Der Baum beginnt zunächst mit der Trennung nach Geschlecht. Das Geschlecht ist demnach die stärksten Variable für die Vorhersage des Überlebens. In der linken Hälfte des Baumes sehen wir die Gruppe der männlichen Passagiere und rechts die weiblichen Passagiere und Kinder. Unter den männlichen Passagieren erfolgt als nächstes die Teilung nach Alter, wobei das Alter von 6,5 Jahren eine kritische Schwelle darstellt. Männer bzw. Jungen unter 6,5 Jahren hatten eine höhere Überlebensrate, was darauf hindeutet, dass jüngere männliche Kinder eher überlebten. Die Kategorie Männer über 6,5 Jahren hatten eine sehr geringe Überlebensrate. Für die Gruppe der Frauen und Kinder ist die Passagierklasse die nächste Trennvariable. Das deckt sich auch mit den Voranalysen und der hohen Anzahl an Frauen in dieser Klasse. Passagiere der 3. Klasse wurden entsprechend weiter analysiert, während die Überlebensrate für Frauen und Kinder in der 1. und 2. Klasse nicht weiter aufgeteilt wurde und als hoch angenommen wird. Innerhalb der weiblichen Passagiere und Kinder der 3. Klasse wird weiter nach Alter aufgeteilt. Zunächst wird die Gruppe in diejenigen ab den 39. Lebensjahr und diejenigen unter 39 Jahre unterteilt. Für jüngere Frauen und Kinder wird weiter nach Alter geteilt, wobei Kinder unter 12 Jahren eine hohe Überlebensrate haben. Zusammenfassen kann auch aus dem Entscheidungsbaum abgeleitet werden, dass das Geschlecht als auch das Alter signifikante Faktoren für das Überleben waren, was die historischen Erzählungen unterstützt, dass beim Untergang der Titanic Frauen und Kinder bevorzugt gerettet wurden. Aber wir erkennen auch, dass bei den Frauen die Passagierklasse eine größere Rolle spielte.

3.3.3 Bewertung der Modelle

Abschließend erfolgt noch eine Bewertung des Overfittings für die beiden Modelle auf Basis der Unterschiedliche in der Genauigkeit zwischen den Trainings- und Testdatensätzen. In einem Klassifizierungskontext, wo Vorhersagen in 'richtig positiv', 'falsch positiv', 'richtig negativ' und 'falsch negativ' eingeteilt werden können, bietet sich die Überprüfung der Korrektklassifikationsrate (Accuracy) an. Diese wird mit nachfolgender Formel ermittelt.

$$\text{Accuracy} = \frac{TP+TN}{TP+TN+FP+FN} \, [17]$$

Die Formel gibt einen guten Überblick darüber, wie gut das Modell insgesamt funktioniert, denn sie berücksichtigt sowohl die Korrekt positiven als auch die Korrekt negativen Vorhersagen. Der genutzte Code (vgl. Anlage 1) generiert zur Interpretation sowohl eine tabellenartige Ausgabe in der Konsole, als auch eine grafische Darstellung (siehe Abbildung 11 in Anhang 1) in Form eines Balkendiagramms.

Das Ergebnis wird wie folgt in Bezug auf Overfitting interpretiert:

---

[17] Vgl. Akosa, 2024, S. 3

Logistische Regression

Die Differenz in der Genauigkeit zwischen Training und Test beträgt rund 2,6 Prozent und ist eine relativ geringe Diskrepanz. Das Modell der logistischen Regression hat demnach ein gutes Gleichgewicht zwischen Lernen und Generalisierung gefunden. Es können insgesamt keine starken Anzeichen für Overfitting abgeleitet werden.

- Entscheidungsbaum

Hier beträgt die Differenz in der Genauigkeit zwischen Training und Test rund 3,0 Prozent. Dies ist ebenfalls eine relativ geringe Diskrepanz und spricht ebenfalls eher dafür, dass das Entscheidungsbaummodell gut generalisiert und nicht übermäßig an die Trainingsdaten angepasst ist.

Zusammenfassend zeigen beide Modelle eine gute Performance mit nur geringfügigen Unterschieden in der Genauigkeit zwischen den Trainings- und Testdatensätzen. Dies deutet darauf hin, dass beide Modelle gut an die Daten angepasst sind, ohne dabei ein signifikantes Overfitting-Problem zu haben. Beide Modelle liefern robuste Vorhersagen, die nicht nur auf die Besonderheiten der Trainingsdaten zugeschnitten sind und somit die weitere Evaluierung erfolgen kann.

3.4   Evaluation

Aufbauend auf der Bewertung der Modelle in Kapitel 3.3.3 wird bei der logistischen Regression die Stabilität durch eine Bootstrapping-validierung aus der 'boot' Bibliothek durch nachfolgenden Code überprüft:

```
boot_function <- function(data, index) {
  return(coef(glm(Survived ~ Pclass + Sex + Age, data=data, subset=index,
        family=binomial()))}
set.seed(123) #reproduzierbare Ergebnisse
boot_results <- boot(trainData, boot_function, R=1000) # R=Anzahl der Wiederholungen
print(boot_results)
```

Nach Ausführung erhalten wir folgendes Ergebnis in der Konsole:

```
Bootstrap Statistics :
      original        bias        std. error
t1*  3.41862829   0.0436125861   0.418328273
t2* -1.13011675  -0.0280416464   0.251730151
t3* -2.21246298  -0.0262685243   0.266732875
t4* -2.64610190  -0.0229960286   0.207712691
t5* -0.03096816  -0.0004378769   0.008740715
```

Abbildung 5: Ergebnisse Bootstrapping[18]

Die Ergebnisse des Bootstrapping aus 1000 Wiederholungen bestätigen ebenfalls eine hohe Stabilität und Zuverlässigkeit der logistischen Regression. 1000 Wiederholungen sind Standard und wurde gewählt, weil diese einen ausgewogenen Kompromiss zwischen statistischer Genauigkeit und praktischer Umsetzbarkeit bieten. Der Intercept ('t1') als Basisline, von dem aus den Effekten der anderen Variablen gemessen werden, betrug ca. 3.42 mit einer geringen Verzerrung von 0,044 und einem Standardfehler von rund 0.418, was insgesamt auf eine gute Zuverlässigkeit hinweist. Die Ergebnisse für das Merkmal Geschlecht ('t4') mit einem Koeffizienten von etwa -2.65 mit einem geringen Bias von -0,023 und einem niedrigen Standardfehler von ca. 0,208 deuten auf eine hohe Stabilität der Schätzung für dieses Merkmal hin. Auch die Alterseinschätzung ('t5') zeigt hohe Präzision mit einem sehr geringen Bias von ca. -0.00044 und einem sehr kleinen Standardfehler von ca. 0.0087. Das Modell wurde zusätzlich noch auf Multikollinearität durch den Variance Inflation Factor ('VIF') überprüft, um die Genauigkeit und Stabilität der Koeffizientenschätzungen zu gewährleisten, denn starke Korrelationen zwischen den Prädiktoren führen zu überhöhten Standardfehlern und möglicherweise zu irreführenden Interpretationen. Die Überprüfung unterstützt die Zuverlässigkeit der statistischen Signifikanztests sicherzustellen und eine klare Interpretation der Einflüsse einzelner Variablen auf die Zielvariable zu ermöglichen.

```
          GVIF Df GVIF^(1/(2*Df))
Pclass 1.313097  2      1.070469
Sex    1.084052  1      1.041178
Age    1.220809  1      1.104902
```

Abbildung 6: Ergebnisse zur Überprüfung Multikollinearität[19]

Der Generalized VIF ('GVIF') für die kategoriale Variable 'Pclass' beträgt 1.313097. Der adjustierte Wert, GVIF^(1/(2*Df)), ist 1.07469 was unter dem üblichen Schwellenwert von 5 liegt, folglich sollte zwischen 'Pclass' und den anderen

---

[18] Eigene Darstellung
[19] Eigene Darstellung

Variablen keine bedenkliche Multikollinearität bestehen. Auch der VIF-Wert für 'Sex' von 1.084052 und der adjustierte Wert von 1.041178 sind weit unter dem Schwellenwert 5, was darauf hinweist, dass 'Sex' keine signifikante Multikollinearität mit den anderen Variablen im Modell aufweist. Bei 'Age' verhält es sich ähnlich, der VIF-Wert von 1.220809 und der adjustierte Wert von 1.104902 sind beide Werte deutlich unter 5, was ebenfalls nahelegt, dass auch zwischen 'Age' und den anderen Variablen keine bedenkliche Multikollinearität vorliegt.

Der Test hat gezeigt, dass die Werte alle deutlich unter dem Schwellenwert von 5 sind, was darauf hindeutet, dass jede Variable einen unabhängigen Beitrag zur Vorhersage des Modells leistet. Zusammengefasst scheint das Modell gültig zu sein mit signifikanten und plausiblen Prädiktoren und einer stabilen Modellkonstruktion. Die „internal" und die „construct validity" sind unterstützt, während weiter Untersuchungen zur Überprüfung der „external validity" und „reliability" erforderlich sind. Um die externe Validität zu überprüfen, müsste das Modell auf einem externen Datensatz bzw. auf ähnliche Ereignisse angewendet werden, was nicht Teil des Geschäftsziels war und Aufgabe und Definition eines nächsten Schritts darstellt.

Die Ergebnisse des Signifikanztest des Entscheidungsbaums (Anlage 3) zeigen eine klare Variablen-Wichtigkeit und eine Reihe von Splits, die auf die Vorhersage des Überlebensstatus abzielen. Hierbei wurde der Chi-Quadrat-Test gewählt, um die Signifikanz der Splits zu bewerten und sicherzustellen, dass die Trennungen im Baum statistisch bedeutsam sind.

Der erste Split im Entscheidungsbaum bei einem 'CP'-Wert von 0,45054945 zeigt Geschlecht als den signifikantesten Prädiktor, was durch einen starken Rückgang des relativen Fehlers von 1,00000 auf 0,54945 verdeutlicht wird. Weitere Splits, basierend auf Klasse und Alter, führen zu weiteren Verbesserungen, erkennbar an der Abnahme der 'rel error'- und 'error'-Werte, was prinzipiell eine solide Vorhersageleistung des Modells auch für neue Daten suggeriert. Die Werte der 'Variable importance' zeigen zusammengefasst, dass das Geschlecht (67) das wichtigste Merkmal ist, gefolgt von Alter (19) und Passagierklasse (15). Diese Werte validieren, dass das Modell die Faktoren des Geschäftsziels erfasst. Zusammenfassend wird im Entscheidungsbaummodell die Bedeutung von Geschlecht, Alter und Passagierklasse als entscheidende Prädiktoren für das Überleben auf der Titanic bestätigt, was auf eine starke „construct validity" hinweist.

Die statistische Signifikanz der Verbesserungen bei jedem Split des Baums zeigt zudem eine solide „internal validity". Die „external validity" ist noch mittels Tests auf ähnlichen, unabhängigen Datensätzen, wie auch bei dem Regressionsmodell in einem nächsten Schritt zu evaluieren. Die Konsistenz in der Identifikation wichtiger Variablen und die Übereinstimmung der 'xerror'- und 'rel error'-Werte deuten auf eine hohe Zuverlässigkeit und geringes Overfitting hin. Insgesamt zeigen, sowohl der Entscheidungsbaum, als auch die logistische Regression starke Interpretierbarkeit und Validität in der Analyse der Überlebensfaktoren auf der Titanic.

4. Zusammenfassung

4.1 Deployment

In vorliegenden Fall des Titanic-Datensatzes, der in historisches Ereignis darstellt, liegt der Schwerpunkt des Deployments auf der Weitergabe von Wissen oder Anwendung der Erkenntnisse z. B. in versicherungsmathematischen Modellen. Zusammenfassend wurden die Ziele erreicht. Die entwickelten Modelle haben wertvolle Einblicke in die sozialen Dynamiken während des Untergangs der Titanic geliefert. Die Ergebnisse, welche schrittweise anhand des CRISP-DM Models erarbeitet wurden, haben gezeigt, dass die These „Frauen und Kinder zuerst" beim Untergang der Titanic statistisch signifikant unterstützt wird und auch der soziale Status die Überlebenswahrscheinlichkeit beeinflusst. Durch die Anwendung von Entscheidungsbäumen und logistischer Regression konnte der Zusammenhang zwischen Geschlecht, Alter und (sozialer) Klasse als wesentliche Faktoren für die Überlebenswahrscheinlichkeit identifiziert werden. Diese Methoden ermöglichten eine klare Visualisierung und Quantifizierung der Einflussgrößen. Ein kritischer Erfolgsfaktor jeder Datenanalyse ist die Datenqualität. Die Behandlung fehlender Werte und die Annahme, dass die verfügbaren Daten repräsentativ sind, kann die Ergebnisse beeinflussen. Im Datensatz waren rund 20 % der signifikanten Altersangaben vakant und wurden durch den Median ersetzt, weil er robust gegenüber Ausreißern ist, welche in Ansätzen erkennbar waren. Auch wurden mit der logistischen Regression und Entscheidungsbäumen einfache Modelle genutzt, welche zwar eine gute Balance zwischen Verständlichkeit und Leistungsfähigkeit bieten, jedoch könnten dadurch weitere komplexere Zusammenhänge übersehen worden sind. Die Anwendung fortgeschrittener Techniken, wie Ensemble-Methoden oder maschinelles Lernen, hätten ebenfalls potenziell zu einer noch genaueren Vorhersage führen können, jedoch die Komplexität deutlich erhöht. Die Analyse basiert ausschließlich auf quantitativen Daten. Qualitative Faktoren, wie das Verhalten der Besatzung oder spezifischer Umstände, wie panisches Verhalten während des Untergangs, wurden nicht betrachtet. Weitere Verbesserungspotenziale, wie ergänzende Datenquellen und weitere Optimierungen der Modellparameter zur Erhöhung der Vorhersagegenauigkeit, wurden demnach nicht genutzt, hätten aber in diesem Zusammenhang auch den Umfang dieser Arbeit deutlich ausgereizt.

Zusammenfassen wurde im Rahmen der Umsetzung der einzelnen Schritte des CRISP-DM Modells die Wichtigkeit von Datenbereinigung und -vorbereitung bestätigt, genauso wie die Notwendigkeit, die Modellauswahl und -evaluation gründlich zu dokumentieren und zu begründen, insbesondere hinsichtlich Überprüfung von Auswertungen oder kritischer Reflexion der Ergebnisse. Abschließend hat das Assignment gezeigt, dass statistische Datenanalyse wertvolle Einblicke in historische Ereignisse liefern kann und dass die stetige Verbesserung der Methoden und Techniken von großer Bedeutung für die Genauigkeit und Zuverlässigkeit solcher Analysen ist. Als nächster Schritt wären die Erkenntnisse zu nutzen und anhand anderer Schiffsunglücke zu überprüfen, ob die Parameter sozialer Status und historische Verhaltenskodex „Frauen und Kinder zuerst" generell gelten und ob diese auch noch in der Gegenwart ihre Gültigkeit haben.

4.2   Management Summary

Als Versicherungsunternehmen streben wir kontinuierlich nach einem besseren Verständnis von Risikofaktoren, die mit Katastrophen und Großschadensereignisse verbunden sind. Die Analyse des Untergangs der RMS Titanic liefert uns wertvolle Einsichten in die Dynamik von Überlebenswahrscheinlichkeiten und Entscheidungsfindungen in Notfallsituationen.

Das Ziel der Datenanalyse war es signifikante Prädiktoren für das Überleben bei der Titanic-Katastrophe zu identifizieren und zu bewerten. Mithilfe statistischer

Modelle, wie logistischer Regression und Entscheidungsbäumen, wurden Daten der Passagiere ausgewertet um Einflussfaktoren wie Geschlecht, Alter und Passagierklasse auf die Überlebenschancen zu untersuchen. Die Ergebnisse zeigten, dass das Geschlecht und das Alter der Passagiere signifikante Prädiktoren für das Überleben waren. Frauen und Kinder hatten demnach eine höhere Überlebensrate. Darüber hinaus wurde festgestellt, dass Passagiere höherer Klassen bessere Überlebenschancen hatten, was auf sozioökonomische Faktoren bei der Rettung hinweist. Die Ergebnisse der Analyse können genutzt werden, um unsere Risikobewertungsmodelle zu verfeinern und mittels weiterer Tests auf ähnlichen, unabhängigen Datensätzen zusätzlich zu evaluieren.

Insbesondere könnten diese Erkenntnisse in die Bewertung von Risikolebensversicherungen und in die Kalkulation von Prämien für Reise- und Unfallversicherungen einfließen. Dadurch können wir unsere Versicherungsprodukte zielgruppenorientiert weiterentwickeln und unseren Kunden noch attraktivere Versicherungsprämien bieten.

Literaturverzeichnis

Akosa, J. S.; 2024
Predictive Accuracy: A Misleading Performance Measure for Highly Imbalaced Data, in: https://support.sas.com/resources/papers/proceedings17/0942-2017.pdf (Zugriff am 01.06.2024)

Bas, E.; 2020
Einführung in Wahrscheinlichkeitsrechnung, Statistik und Stochastische Prozesse, Wiesbaden, Heidelberg, Springer Vieweg

Blum, L. B.; 2023
Angewandte Data Science: Projekte, Methoden, Prozesse. Wiesbaden, Wiesbaden, Heidelberg, Springer Vieweg

D'Onofrio, S., Meier, A.; 2021
Big Data Analytics: Grundlagen, Fallbeispiele und Nutzungspotenziale, Wiesbaden, Heidelberg, Springer Vieweg, in: https://doi.org/10.1007/978-3-658-32236-6 (Zugriff am 01.06.2024)

Dorschel, J.; 2015
Praxishandbuch Big Data: Wirtschaft - Recht - Technik, Praxishandbuch Big Data. Gabler, Wiesbaden

Hude, M.; 2020
Predictive analytics und Data Mining: eine Einführung mit R, Wiesbaden, Heidelberg, Springer Vieweg

Kreis, H., Wildner, R., Kuß, A.; 2021
Marktforschung: Datenerhebung und Datenanalyse, 7. überarbeitete Auflage. ed, Wiesbaden, Heidelberg, Springer Gabler, in: https://doi.org/10.1007/978-3-658-32459-9 (Zugriff am 01.06.2024)

Maullin-Sapey, T., Nichols, T. E.; 2024
Fisher Scoring for crossed factor linear mixed models. Wiesbaden, Heidelberg, Springer Vieweg.

Obszelka, D., Baierl, A.; 2020
Statistisches Programmieren mit R: eine ausführliche, übersichtliche, spannende und praxiserprobte Einführung, Wiesbaden, Heidelberg, Springer Vieweg

Pardo, S.; 2023
Statistical methods and analyses for medical devices. Cham, Switzerland, Springer

Plaue, M.; 2021
Data Science: Grundlagen, Statistik und maschinelles Lernen, Berlin, Heidelberg, Springer Spektrum

Sauer, S.; 2019
Moderne Datenanalyse mit R: Daten einlesen, aufbereiten, visualisieren, modellieren und kommunizieren, Wiesbaden, Heidelberg, Springer Gabler, in: https://doi.org/10.1007/978-3-658-21587-3 (Zugriff am 01.06.2024)

Schön, D.; 2022
Planung und Reporting im BI-gestützten Controlling: Grundlagen, Business Intelligence, Mobile BI, Big-Data-Analytics und KI, 4. überarbeitete und erweiterte Auflage. ed., Wiesbaden, Heidelberg Springer Gabler, in: https://doi.org/10.1007/978-3-658-35475-6

Wilde, A.; 2024
Grundlagen des Data Mining - Ein (Prozess-)Überblick., in: https://morethandigital.info/grundlagen-des-data-mining-ein-prozess-ueberblick/ (Zugriff am 01.06.2024)

Anhang

Anlage 1: Abbildungen

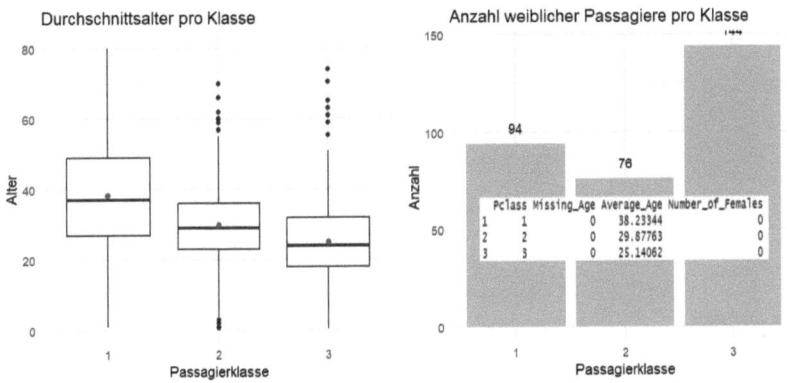

Abbildung 7: Durchschnittsalter und Anzahl weiblicher Passagiere pro Klasse[20]

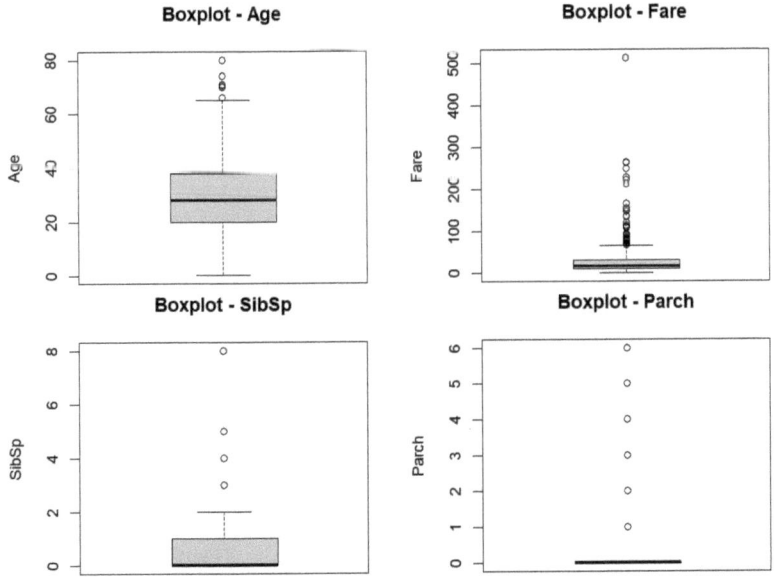

Abbildung 8: Ausreißerprüfung über Boxplots[21]

---

[20] Eigene Darstellung
[21] Eigene Darstellung

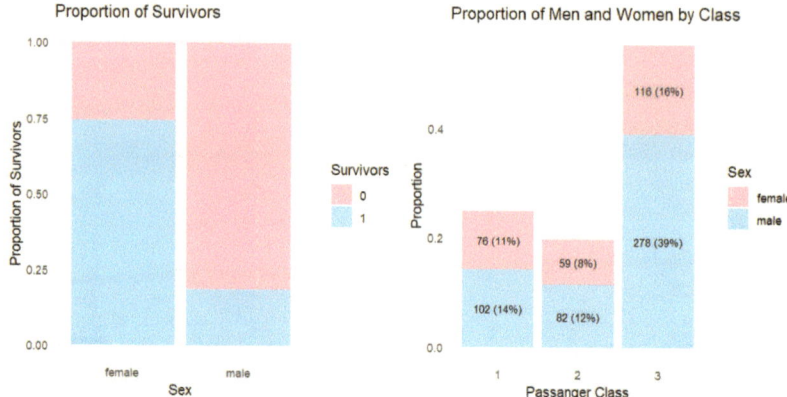

Abbildung 9: Überlebende nach Geschlecht / Verteilung Geschlecht pro Klasse[22]

Entscheidungsbaum für Titanic-Daten

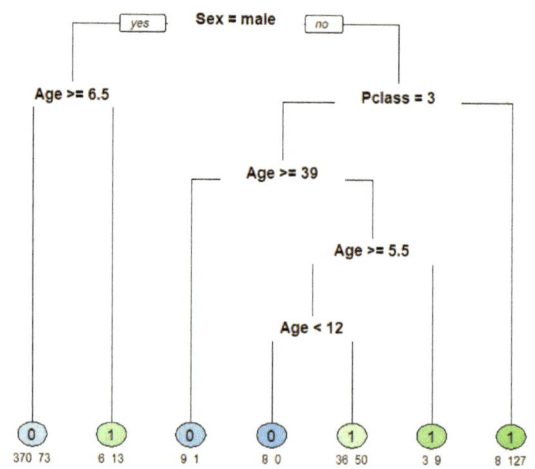

Abbildung 10: Entscheidungsbaum[23]

---

[22] Eigene Darstellung
[23] Eigene Darstellung

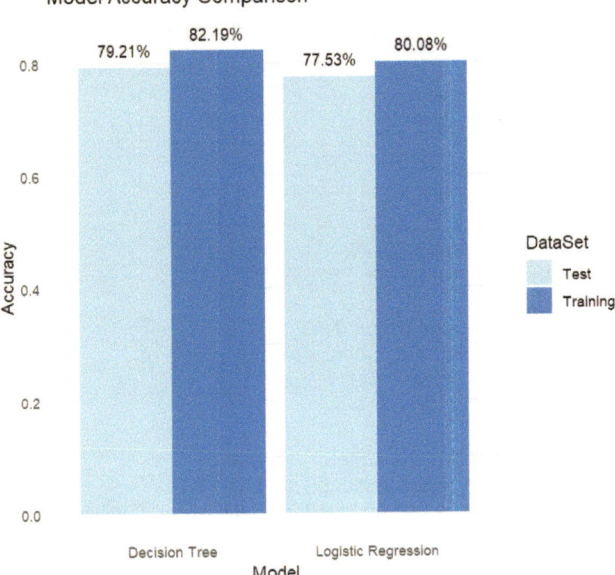

Abbildung 11: Ovorfitting-Prüfung der Modelle[24]

Anlage 2: Quellcode

```
#Laden der benötigten Bibliotheken
install.packages("dplyr")
install.packages("caret")
install.packages("ggstats")
install.packages("ggplot2")
install.packages("rpart")
install.packages("stats")
install.packages("rpart.plot")
install.packages("pROC")
install.packages("car")
install.packages("boot")

library(dplyr)
library(caret)
library(ggplot2)
library(ggstats)
library(rpart)
library(stats)
library(rpart.plot)
```

---

[24] Eigene Darstellung

```
library(pROC)
library(car)
library(boot)

#Einlesen des Datensatzes
data <- read.csv("titanic.csv")

#Überprüfen der Struktur
str(data)

#Übersicht zur deskriptiven Statistik
summary(data)

#Überprüfung der fehlenden Daten (NA)
missing_values <- sapply(data, function(x) sum(is.na(x)))
print("Anzahl fehlender Werte in jeder Spalte")
print(missing_values)

#Überprüfung auf leere Zeichenketten
empty_stings <- sapply(data, function(x) sum(x==""))
print("Anzahl leerer Zeichenketten in jeder Spalte")
print(empty_stings)

#Überprüfung auf fehlende Daten nach Klasse
missing_age_by_class <- aggregate(Age ~ Pclass, data, function(x) sum(is.na(x)))
names(missing_age_by_class) <- c("Pclass", "Missing_Age")

#Berechnung des Durchschnittsalters pro Klasse
average_age_by_class <- aggregate(Age ~ Pclass, data, function(x) mean(x,na.rm
= TRUE))
names(average_age_by_class) <- c("Pclass", "Average_Age")

#Anzahl an Frauen pro Klasse
number_of_females_by_class <- aggregate(Sex ~ Pclass, data, function(x) sum(x
== "females", na.rm = TRUE))
names(number_of_females_by_class) <- c("Pclass", "Number_of_Females")

#Zusammenführen der Ergebnisse in einer Tabelle
combined_results   <-   merge(missing_age_by_class,   average_age_by_class,
by="Pclass")
combined_results   <-   merge(combined_results,   number_of_females_by_class,
by="Pclass")

#Anzeige der kombinierten Ergebnisse in einer Tabelle
print(combined_results)

#Grafik für das Durschnittstalter pro Klasse
ggplot(data, aes(x=factor(Pclass), y=Age))+
  geom_boxplot()+
  stat_summary(fun.y=mean, geom="point", shape=20, size=3, color="red1")+
```

```
labs(x="Passagierklasse", y="Alter", title="Durchschnittsalter pro Klasse")+
theme_minimal()

#Grafik für das Durschnittstalter pro Klasse
ggplot(data[data$Sex == "female",], aes(x=factor(Pclass)))+
geom_bar(fill="lightskyblue")+
geom_text(stat='count', aes(label = after_stat(count)), size=3.5,
    color="black", vjust=-1)+
labs(x="Passagierklasse", y="Anzahl", title="Anzahl weiblicher Passagiere pro
Klasse")+
theme_minimal()


#Ausreißerüberprüfung der quantitativen Variablen
#Boxplot für das Alter
boxplot(data$Age, main="Boxplot - Age", ylab="Age")

#Boxplot für den Fahrpreis
boxplot(data$Fare, main="Boxplot - Fare", ylab="Fare")

#Boxplot für SibSp
boxplot(data$SibSp, main="Boxplot - SibSp", ylab="SibSp")

#Boxplot für Parch
boxplot(data$Parch, main="Boxplot - Parch", ylab="Parch")

#Ersetzen fehlender Werte im Alter durch den Median
data$Age <- ifelse(is.na(data$Age), median(data$Age, na.rm = TRUE), data$Age)

#Auswahl relevanter Spalten
titanic_relevant <- data[, c("Survived", "Pclass", "Sex", "Age", "SibSp", "Parch")]

#Umwandlung in Faktoren
titanic_relevant$Sex <- as.factor(titanic_relevant$Sex)
titanic_relevant$Pclass <- as.factor(titanic_relevant$Pclass)

#Aufteilung in Trainings- und Testdatensätze
set.seed(123)
trainIndex <- createDataPartition(titanic_relevant$Survived, p=0.8, list=FALSE)
trainData <- titanic_relevant[trainIndex, ]
testData <- titanic_relevant[-trainIndex, ]

#Visualisierung der Überlebensrate nach Geschlecht
ggplot(trainData, aes(x=Sex, fill=factor(Survived)))+
  geom_bar(position="fill")+
  scale_fill_manual(values = c("lightpink", "lightskyblue"))+
  labs(x="Sex", y="Proportion of Survivors", fill="Survivors",)+
  ggtitle("Proportion of Survivors")+
  theme_minimal()
```

```
#Berechnung der Anzahl der Männer und Frauen pro Klasse
gender_distribution <- trainData %>%
  group_by(Pclass, Sex) %>%
  summarise(Count=n()) %>%
  ungroup() %>%
  mutate(Total = sum(Count),
    Quote = Count / Total)

#Grafische Darstellung der Geschlechterverteilung nach Klasse
ggplot(gender_distribution, aes(x=factor(Pclass), y=Quote, fill=Sex))+
  geom_bar(stat="identity")+
  scale_fill_manual(values = c("lightpink", "lightskyblue"))+
  geom_text(aes(label = sprintf('%d (%s)', Count, scales::percent(Quote,
accuracy=1.0))),
    position=position_stack(vjust=0.5),
    size=3,
    color="black")+
  labs(x="Passanger Class", y="Proportion", fill="Sex")+
  ggtitle("Proportion of Men and Women by Class")+
  theme_minimal()
```

```
#Lösungen und Codes zu Kapitel 3.3 Modeling
```

```
##3.3.1 Logistische Regression
```

```
#Modellierung mit logistischer Regression (logit_model)
logit_model <- glm(Survived ~ Pclass + Sex + Age,
      data = trainData, family = "binomial")
logit_model_test <- glm(Survived ~ Pclass + Sex + Age,
      data = testData, family = "binomial")
```

```
#Zusammenfassung des Regressions-Modells zur Analyse
summary(logit_model)
```

```
#3.3.2 Entscheidungsbaum
```

```
# Erstellung des Entscheidungsbaummodells
tree_model <- rpart(Survived ~ Sex + Age + Pclass,
      data = trainData, method = "class")
```

```
#Visualisieren des Entscheidungsbaums mit Anpassung der Parameter zur
besseren Visualisierung
rpart.plot(tree_model,
      type=0, # Baumtyp ohne Darstellung der Knoten
      extra=1, #Anzahl der Beobachtungen in den Knoten anzeigen
      under=TRUE, #Positionierung der Split-Labels unter den Knoten
      faclen=0, #Ohne Begrenzung Faktorlevel-Namen
      cex=0.8, #Schriftgröße der Texte imm Plot
      main="Entscheidungsbaum für Titanic-Daten" #Titel des Plots
      )
```

#3.3.3 Bewertung der Modelle

```r
#Bewertung der logistischen Regression
logit_pred_train <- predict(logit_model, trainData, type="response")
logit_pred_train <- ifelse(logit_pred_train > 0.5, 1, 0)
logit_accuracy_train <- mean(logit_pred_train == trainData$Survived)

logit_pred_test <- predict(logit_model, testData, type="response")
logit_pred_test <- ifelse(logit_pred_test > 0.5, 1, 0)
logit_accuracy_test <- mean(logit_pred_test == testData$Survived)

# Bewertung des Entscheidungsbaums
tree_pred_train <- predict(tree_model, trainData, type="class")
tree_accuracy_train <- mean(tree_pred_train == trainData$Survived)

tree_pred_test <- predict(tree_model, testData, type="class")
tree_accuracy_test <- mean(tree_pred_test == testData$Survived)

#Ausgabe der Genauigkeitswerte
print(paste("Logistische Regression - Trainingsgenauigkeit: ", logit_accuracy_train))
print(paste("Logistische Regression - Testgenauigkeit: ", logit_accuracy_test))
print(paste("Entscheidungsbaum - Traningsgenauigkeit: ", tree_accuracy_train))
print(paste("Entscheidungsbaum - Testgenauigkeit: ", tree_accuracy_test))

#Ausgabe der Koeffizienten des Logit-Modells
print(summary(logit_model)$coefficients)

# Grafische Darstellung der Bewertungen der beiden Modelle
# Erstellung Dataframe zur Aufnahme der Genauigkeitswerte
accuracy_data <- data.frame(
  Model=c("Logistic Regression", "Logistic Regression", "Decision Tree", "Decision Tree"),
  DataSet=c("Training", "Test", "Training", "Test"),
  Accuracy=c(logit_accuracy_train,   logit_accuracy_test,   tree_accuracy_train, tree_accuracy_test)
)

#Erstellung eines Balkendiagramms zur Visualisierung der Genauigkeit
ggplot(accuracy_data, aes(x=Model, y=Accuracy, fill=DataSet))+
  geom_bar(stat="identity", position=position_dodge())+
  geom_text(aes(label = sprintf("%.2f%%", Accuracy*100),
                y=Accuracy+0.02),#Justierung der Textposition
            position=position_dodge(0.9),
            size=3.5,
            color="black",
            vjust=0)+
  scale_fill_brewer(palette="Paired")+
  labs(title = "Model Accuracy Comparison", x="Model", y="Accuracy")+
  theme_minimal()
```

```
# Alternative Anzeige zu Analysezwecke via Tabell
print(accuracy_data)
```

3.4 Evaluation

Gültigkeitsdiskussion/Durchführen von Signifikanztest bei den gewählten Modellen

```
#Logistische Regression
summary(logit_model) #Überprüfung der Signifikanz der Koeffizienten
vif(logit_model) #Überprüfung auf Multikollinearität/Genauigkeit und Stabilität der
Koeffizienten
```

```
# Entscheidungsbaum
printcp(tree_model) #Kompexität und Signifikanz der Splits
summary(tree_model)
```

```
# Durchführung Bootstrapping logistische Regression
# Logistisches Regressionsmodell
logit_model <- glm(Survived ~ Pclass + Sex + Age, family=binomial(),
data=trainData)
```

```
#Bootstrapping-Funktion
boot_function <- function(data, index) {
  return(coef(glm(Survived ~ Pclass + Sex + Age, data=data, subset=index,
        family=binomial())))
}
```

```
# Durchfürung Bootstrapping bei der logistischen Regression
set.seed(123) #reproduzierbare Ergebnisse
boot_results <- boot(trainData, boot_function, R=1000)  # R=Anzahl der
Wiederholungen
print(boot_results)
```

```
# Durchführung Chi Quadrat Test Entscheidungsbaum
```

```
#Erstellung des Entscheidungsbaums
tree_model <- rpart(Survived ~ Sex + Age + Pclass, data=trainData, method =
"class")
```

```
#Anzeige des Baums inkl. Splits und deren statistischer Signifikanz
summary(tree_model)
```

Anlage 3: Detaillierte Zusammenfassung der Baumkomplexität und Splits

```
     CP nsplit rel error   xerror     xstd
1 0.45054945    0 1.0000000 1.0000000 0.04754450
2 0.02564103    1 0.5494505 0.5494505 0.03986506
```

3 0.01465201   2 0.5238095 0.5567766 0.04005860
4 0.01000000   6 0.4652015 0.5567766 0.04005860

Variable importance
  Sex   Age Pclass
  67   19   15

Node number 1: 713 observations,   complexity param=0.4505495
  predicted class=0 expected loss=0.3828892 P(node) =1
    class counts: 440 273
    probabilities: 0.617 0.383
  left son=2 (462 obs) right son=3 (251 obs)
  Primary splits:
      Sex   splits as RL,   improve=101.597300, (0 missing)
      Pclass splits as RRL,   improve= 31.700040, (0 missing)
      Age   < 5.5 to the right, improve= 7.449297, (0 missing)
  Surrogate splits:
      Age < 15.5 to the right, agree=0.654, adj=0.016, (0 split)

Node number 2: 462 observations,   complexity param=0.02564103
  predicted class=0 expected loss=0.1861472 P(node) =0.6479663
    class counts: 376   86
    probabilities: 0.814 0.186
  left son=4 (443 obs) right son=5 (19 obs)
  Primary splits:
      Age   < 6.5 to the right, improve=9.830848, (0 missing)
      Pclass splits as RLL,   improve=8.164710, (0 missing)

Node number 3: 251 observations,   complexity param=0.01465201
  predicted class=1 expected loss=0.2549801 P(node) =0.3520337
    class counts: 64 187
    probabilities: 0.255 0.745
  left son=6 (116 obs) right son=7 (135 obs)
  Primary splits:
      Pclass splits as RRL,   improve=22.379660, (0 missing)
      Age   < 12 to the left, improve= 2.811753, (0 missing)
  Surrogate splits:
      Age < 28.5 to the left, agree=0.681, adj=0.31, (0 split)

Node number 4: 443 observations
  predicted class=0 expected loss=0.1647856 P(node) =0.6213184
    class counts: 370   73
    probabilities: 0.835 0.165

Node number 5: 19 observations
  predicted class=1 expected loss=0.3157895 P(node) =0.02664797
    class counts: 6   13
    probabilities: 0.316 0.684

Node number 6: 116 observations,   complexity param=0.01465201

predicted class=1 expected loss=0.4827586 P(node) =0.1626928
class counts: 56 60
probabilities: 0.483 0.517
left son=12 (10 obs) right son=13 (106 obs)
Primary splits:
Age < 38.5 to the right, improve=3.81028, (0 missing)

Node number 7: 135 observations
predicted class=1 expected loss=0.05925926 P(node) =0.1893408
class counts: 8 127
probabilities: 0.059 0.941

Node number 12: 10 observations
predicted class=0 expected loss=0.1 P(node) =0.01402525
class counts: 9 1
probabilities: 0.900 0.100

Node number 13: 106 observations, complexity param=0.01465201
predicted class=1 expected loss=0.4433962 P(node) =0.1486676
class counts: 47 59
probabilities: 0.443 0.557
left son=26 (94 obs) right son=27 (12 obs)
Primary splits:
Age < 5.5 to the right, improve=1.012244, (0 missing)

Node number 26: 94 observations, complexity param=0.01465201
predicted class=1 expected loss=0.4680851 P(node) =0.1318373
class counts: 44 50
probabilities: 0.468 0.532
left son=52 (8 obs) right son=53 (86 obs)
Primary splits:
Age < 12 to the left, improve=4.948046, (0 missing)

Node number 27: 12 observations
predicted class=1 expected loss=0.25 P(node) =0.01683029
class counts: 3 9
probabilities: 0.250 0.750

Node number 52: 8 observations
predicted class=0 expected loss=0 P(node) =0.0112202
class counts: 8 0
probabilities: 1.000 0.000

Node number 53: 86 observations
predicted class=1 expected loss=0.4186047 P(node) =0.1206171
class counts: 36 50
probabilities: 0.419 0.581